JN093708

スヌーピーの

おいしい! **おうちで** 楽しい!

キャンプごはん

チャールズ・M・シュルツ
(PEANUTS by Charles M. Schulz)

料理監修：はらゆうこ

SDP
STARDUST★PICTURES

もくじ

I LOVE NATURE BOOKS

サラダの世界が広がる！
ドレッシング・
バリエーション

見た目も かわいい！ドリンクレシピ いろいろ

もしものときに 役立つレシピ

今日はおうちでアウトドア気分！
キャンプごはんは楽しい！

普段は生活や仕事などの時間に追われて、時短レシピや、

メニューがワンパターンになることも多いのではないでしょうか。

また最近流行っているキャンプに挑戦したい気持ちがあっても、

行くことへのハードルの高さや、準備や献立作りにためらって、

なかなかチャレンジできていない人も多いでしょう。

そんな方々におすすめしたいのが「おうちでキャンプごはん」です。

家族や友人などの大切な人といっしょに、

おうちにいながらキャンプの楽しさが味わえるメニューを紹介していきます。

特別な準備は必要ありません。

おうちで使っているフライパン、ホットプレートなどで手軽に作れて、

ちょっと特別感のある気分の上がるメニューの数々。

焼きマシュマロやホットサンド、アヒージョなど、キャンプで定番のメニューも目白押しです。

家族や友人と集まってワイワイ楽しむのも良し、

いつかキャンプへ行くための足がかりに作ってみるのも良し、

グランピングやおうちのベランダで行うベランピングのメニューにしても OK です。

また、本の中にはスヌーピーのイラストがたくさん登場します。

よく見るとお料理や盛り付け、食器類など、お料理の写真にもスヌーピーたちが！

おいしそうな料理写真の中からスヌーピーたちを探して、写真を眺めるだけでも楽しい 1 冊です。

ぜひ、スヌーピーたちのおいしくて楽しい、そしてかわいい、

おうちでキャンプごはんにチャレンジしてみてください。

この本は、こんな方におすすめ！

● スヌーピーが大好き！
● おうちでキャンプの楽しさを味わいたい！
● ホームパーティーをよく開く

ビーグル・スカウトって？

スヌーピーが隊長をつとめ、隊員の小鳥たちを率いて野山を冒険する、ビーグル・スカウトと自称する探検隊。

隊員はスヌーピーの大親友ウッドストックと、友だちの鳥たちです。ただし、鳥たちはとても似ているため、ひとりひとりの区別はつきません。

ビーグル・スカウトはスヌーピー隊長の指揮のもと、山や海、荒野などあちこちに冒険に出かけます。自然を観察し、マシュマロを焼き、テントをはって眠るのですが、毎回楽しいハプニングが続出。

1974年5月14日に初めてコミックに登場し、アウトドアのすばらしさを伝えてきたビーグル・スカウトは2024年に50周年を迎えます。

スヌーピー

ビーグル・スカウトの隊長として、メンバーをひっぱっている。

ウッドストック

スヌーピーの大親友。他のメンバーと街へ出た際に、ケンカに巻き込まれたことがある。

コンラッド

ビーグル・スカウト賞を受賞し、ブロンズのバッジをもらった。雨ごいダンスが得意で、雨を降らせることができる。

フレッド

さみしがり屋で、探検中の夜、ホームシックになったことがある。そのときはホットファッジサンデー（アイスクリームサンデーの一種）を思い浮かべて乗り切った。

ビル

ビーグル・スカウトの冒険中に、ハリエットと恋に落ち結婚した。のどを痛めてしばらく声がおかしくなったことがある。

ハリエット

ビーグル・スカウトで唯一の女の子。同じくビルと恋に落ち結婚した。エンジェルフードケーキ（卵白だけで作るケーキ）が好物で探検にも持ってくる。

オリビエ

質問が好きな知りたがり。探検に関係のない質問ばかり、スヌーピーに聞いている。探検のとき、食事ではなくテレビガイドを持ってきたことも。

レイモンド

黄色い小鳥たちが集まるビーグル・スカウトの中で、メンバー唯一のパープルカラー。探検にウインナーを持ってきたことがある。

ロイ

ビーグル・スカウトの中で一番新しいメンバー。名前を呼ばれると「はい」と返事するだけでなく、理由まで説明してしまう。

スヌーピーと主な仲間たち

スヌーピーをはじめ、
「ピーナッツ」コミックに登場する仲間たちを紹介します。

ウッドストック

スヌーピーの親友の黄色い鳥。飛ぶのが苦手な渡り鳥らしい。ウッドストックの話す言葉は点や感嘆符だが、スヌーピーだけが理解できる。

スヌーピー

チャーリー・ブラウンが飼っているビーグル犬。犬小屋の上で空想にふけったり、変装したりする。ビーグル・スカウトはスヌーピーの変装のひとつ。スポーツ万能で食いしん坊。

チャーリー・ブラウン

スヌーピーの飼い主。いつまでたってもスヌーピーに名前を覚えてもらえず、「丸頭の男の子」と呼ばれている。心優しく仲間思い。

サリー

チャーリー・ブラウンの妹。ちゃっかり屋さんで、いつも兄のチャーリー・ブラウンを言いくるめて宿題を手伝ってもらっている。ライナスに夢中。

ライナス

ルーシーの弟。冷静沈着で大人顔負け発言をする一方で、指しゃぶりがやめられず毛布が手放せない一面もある。

ルーシー

ライナスの姉。怒りっぽくていばりんぼう。レモネードスタンド（子供用の屋台）を改造した相談室、仲間たちの悩みを解決することも。

シュローダー

おもちゃのピアノで、クラシックの名曲を演奏する天才音楽少年。でも、スヌーピーやルーシーに演奏を邪魔されることもしばしば。ベートーベンを敬愛している。

ペパーミントパティ

スポーツ万能で野球チームのエースだけど、勉強は苦手。授業中は居眠りも多い。チャーリー・ブラウンのことが好き。

マーシー

ペパーミントパティの親友で、学校では後ろの席に座っている。成績優秀でスポーツは苦手。ペパーミントパティを先輩と呼んでいる。

「ピーナッツ」とは？

作者はチャールズ・モンロー・シュルツ氏（1922年11月26日〜2000年2月12日）。1950年10月2日にアメリカの新聞で「ピーナッツ」連載がスタートして以来、約50年にわたって続いたコミック作品です。
シュルツ氏は1997年75歳のお誕生日プレゼントとして取った5週間の休暇以外、2000年に亡くなる直前の1999年12月に健康上の理由で引退を発表するまで、一日も休まずに、17897日分のコミックを描き続けました。彼はアシスタントをつけることをせず、資料収集からセリフの書き込みに至るすべての作業をたった一人で行っていました。
彼が亡くなったその翌日、「ピーナッツ」最後の日曜版コミックが掲載。現在も75ヵ国、21の言語、2200紙で連載され世界中で愛されています。

PEANUTS Comic Strip: © 1988 Peanuts Worldwide LLC

ビーグル・スカウトが教えてくれる
6つの大事なこと

ビーグル・スカウトが登場するコミックでは、普遍的なテーマが描かれています。今こそ大切にしたい6つのスピリットを紹介します。

01 EXPLORING NATURE
自然を見つめて、見つける

「自然ほど、うつくしいものはない。」

02 TRYING NEW THINGS
新しいことにチャレンジする

「ないなら、
　　つくってみよう。」

03 SHARING
分けあい、分かちあう

「すてきな瞬間も、おいしいものも、
　　　　　仲間と共有しよう。」

04 HELPING SOMEONE IN NEED
救いの手を差しのべる

「危険な道のりも、
　　　助けあって乗り越える。」

05 FRIENDSHIP
友だちを何より大切に

「ちょっぴりさみしい夜も、
　　　友だちといっしょなら大丈夫。」

06 WORKING TOGETHER
力をあわせて、乗り越える

「ちいさな力も、あわせれば
　　　おおきなものになる。」

おうちで作る キャンプごはんの道具紹介

キャンプごはんを作るときに、よく使う調理道具をまとめました。
準備ができたら、さっそく楽しいクッキングを始めましょう！

主な道具

❶ フライパン

お肉やお魚を焼いたり、野菜を炒めたり、いろいろな料理に使えます。普段使っているものでOK。サイズは料理と分量に合わせて選びましょう。

❷ ホットプレート

おうちでは、ホットプレートを使うとにぎやかに料理を楽しめて便利。たこ焼き型プレートがあるものを選ぶと料理のバリエーションが広がります。

❸ ホットサンドメーカー

ごはんにもおやつにもなるホットサンドは、キャンプごはんの人気者。直火対応のものを選べば、おうちでもキャンプ場でも使えます。

❹ スキレット

鋳物製の小さめのフライパン。作った料理をそのままテーブルに出しても絵になるので、使い勝手のよい必須アイテムです。

❺ メスティン

アルミ製の箱型の飯ごう。炊飯はもちろん、煮たり、蒸したり、さまざまな調理に使えてキャンプ気分が盛り上がります。

その他の道具

● 厚手の鍋

熱伝導性と保温性が高い、鋳物ホーロー鍋は、煮込み料理にぴったり。使い慣れたいつもの鍋でもOKです。

● ガスバーナー

焼きマシュマロなどで、表面に焼き色をつけたいときに使います。お皿の上で使うと割れる可能性があるのでスキレットや網の上で使いましょう。

● ミニBBQグリル

テーブルに置けるサイズのグリルがあればキャンプ気分がぐんとアップ！室内使用の場合、炭火は火元と換気に十分に気をつけて使用してください。

● ハンディブレンダー

「混ぜる」「つぶす」「刻む」「砕く」「泡立てる」など、いろいろな使い方ができる調理器具。果物のスムージーなども気軽においしく作れます。

この本の使い方

この本のレシピを上手に活用するためのアイデアを紹介！

このマークはキャンプでも作りやすいメニューの印。調理工程や準備する道具、材料などから、実際のキャンプでも再現しやすいものになっています。

写真に登場するスヌーピーのグッズの数々。これらの主なアイテムは、p.92の「グッズ＆オンラインショップ」で紹介しています。

作り方の他に、調理や食べ方のコツを紹介しています。

この本の決まり

● 材料や作り方に登場する「大さじ1」は15㎖、「小さじ1」は5㎖、「1カップ」は200㎖、「1合」は150gです。

● 野菜類は特に指定がない場合は、洗う・皮をむく・ヘタを取るなどの下ごしらえをすませてから手順を説明しています。量はおおよその数値です。

● フライパンはコーティング加工のものを使用しています。

● 本書で使用している電子レンジは600Wです。

● 調理時間は目安です。器具の火力などで異なる場合もあります。

● 電子レンジやオーブンなどの調理器具の扱いは、お使いの機種の取扱説明書にしたがってください。

● 材料の「○人分」の表記は、一度に食べる場合の人数の基準です。食べきれる量は各自異なるため、目安として紹介しています。

おうちでおいしくキャンプ気分♪
キャンプごはんを作ろう！

今日はみんなとおうちでワイワイ楽しく過ごそう！そんなときに
ぴったりのキャンプ気分が楽しめるメニューを紹介します。

包まないから時短＆楽々！

包まない餃子 ～ピーナッツだれ～

Camp OK!

餃子の包む手間をはぶいてお手軽に餃子パーティーをしましょう。
甘めのピーナッツだれと定番の酢じょうゆ、2種のたれで楽しんで。

材料（直径約19cmのスキレット1つ分）

- キャベツ（粗みじん切り）
  ・・・・・・・・・・・ 1/10玉分（100g）
- 長ねぎ（粗みじん切り） 1本分（100g）
- にら（粗みじん切り） 1/2束分（50g）
- しょうが（すりおろし） 1かけ分（10g）
- 豚ひき肉 ・・・・・・・・・・・・・・・・・・ 200g

Ⓐ		
塩 ・・・・・・・・・・・・・・・・・	小さじ1/4
こしょう ・・・・・・・・・・・・・	少々
酒 ・・・・・・・・・・・・・・・・・	大さじ1
しょうゆ ・・・・・・・・・・・・・	大さじ1
ごま油 ・・・・・・・・・・・・・・	大さじ1

- ごま油 ・・・・・・・・・・・・・・・・・・・・ 適量
- 餃子の皮 ・・・・・・・・・・・・・・・・・ 16枚
- ピーナッツ（皮むき） ・・・・・・・・ 15g

Ⓑ		
ピーナッツペースト（無糖）	大さじ2
砂糖 ・・・・・・・・・・・・・・・	大さじ2
しょうゆ ・・・・・・・・・・・・・	大さじ1
豆乳 ・・・・・・・・・・・・・・・	50㎖

- 酢じょうゆ ・・・・・・・・・・・・・・・ お好み

作り方

1 キャベツ、長ねぎ、にら、しょうがと豚ひき肉をまとまるまでよく手でこね、Ⓐを加えてさらに混ぜる。

2 スキレットを熱してごま油を入れなじませ、火を止める。餃子の皮半量を隙間なく並べ、その上に **1** をのせて広げる。残りの餃子の皮をその上に全体を包み込むように並べる。

3 火をつけて中火で1分焼き、ひたひたになるまで水を回し入れて蓋をして弱火で蒸し焼きにする。3〜4分焼いて水分が飛んだら裏返し、弱火で4〜5分焼く。

4 ピーナッツを刻み、Ⓑと合わせてピーナッツだれを作る。酢じょうゆを用意し、お好みのたれでいただく。

真ん中のチーズが迫力満点！

Camp OK! 丸ごとカマンベールのアヒージョ

アツアツのアヒージョは、おうちキャンプでも盛り上がること間違いなし！
カマンベールチーズを切っておけば、みんなで取り分けやすくなります。

材料（3〜4人分）

- カマンベールチーズ ・・・・・・・・・・ 1個
- マッシュルーム ・・・・・・・・・・・・ 6個
- ミニトマト ・・・・・・・・・・・・・・ 7個
- ブロッコリー ・・・・・・・・・・・・ 1/4株
- オリーブオイル ・・・・・・ 300〜350㎖
- アンチョビ（たたいておく）・・・・ 1枚分
- にんにく（みじん切り）・・・・・・ 1かけ分
- 鷹の爪（輪切り）・・・・・・・・・・ 1本分
- 塩 ・・・・・・・・・・・・・・・・ 小さじ2
- バケット ・・・・・・・・・・・・・・ お好み

作り方

1 カマンベールチーズは6等分に切る。マッシュルームは石づきを除き、半分に切る。ミニトマトはヘタを取り、竹串などで穴をあける。ブロッコリーは小房に分けておく。

2 スキレットにオリーブオイル、アンチョビ、にんにく、鷹の爪、塩を加えて中火にかける。

3 オリーブオイルが煮立ってきたらブロッコリーを加え、色が鮮やかになったらマッシュルーム、ミニトマトを加え、中央にカマンベールチーズを入れて軽く加熱する。

4 お好みでバケットを添える。

野菜たっぷりで優しい味わい

Camp OK! ふわふわチーズオムレツ

ふっくらオムレツをスキレットで。キャンプで作るときは、スキレットにアルミホイルをかぶせて焼き、最後にチーズをのせればOK！

材料（直径約17cmのスキレット1つ分）

- 玉ねぎ ・・・・・・・・・・・・・・・・・・・ 1/2 個
- にんじん ・・・・・・・・・・・・・・・・・ 1/3 本
- じゃがいも ・・・・・・・・・・・・・・ 中1/2 個
- ベーコン ・・・・・・・・・・・・・・・・・ 2枚
- 卵 ・・・・・・・・・・・・・・・・・・・・・・・ 3個
- 塩、こしょう ・・・・・・・・・・・・・・ 少々
- 牛乳 ・・・・・・・・・・・・・・・・・・・ 大さじ2
- オリーブオイル ・・・・・・・・・・・ 大さじ1
- カッテージチーズ ・・・・・・・・・・・ 50g
- シュレッドチーズ ・・・・・・・・・・・ 50g
- パセリ（みじん切り）・・・・・・・・ お好み

作り方

1 玉ねぎは薄切り、にんじん、じゃがいもは細切りにする。ベーコンは1㎝幅に切る。

2 ボウルに卵、塩、こしょう、牛乳を加え、よく混ぜておく。

3 スキレットを十分に熱し、オリーブオイルを入れ、中火にしたら、**1** を加え炒める。野菜に火が通ったら、**2** を加え大きく混ぜながら加熱する。カッテージチーズを加えさらに混ぜる。

4 **3** の上にシュレッドチーズをのせて、スキレットごとトースター（または180℃のオーブン）で9〜10分加熱する。ふっくら焼きあがったら、お好みでパセリを散らす。

C'MON..
KEEP
COMING!

包まないから楽ちん＆楽しい！

カラフル・パーティーシュウマイ

たこ焼き用のホットプレートでLet'sシュウマイパーティー！
トッピングとたれは、各自の好きなものをお好みで選んで。

材料（24個分）

- 玉ねぎ（みじん切り）・・・・・・・ 1個分
- 片栗粉・・・・・・・・・・・・・・・・・ 大さじ2
- 豚ひき肉・・・・・・・・・・・・・・・・・ 250g
- しょうが（みじん切り）・・・・・・ 1かけ分

Ⓐ
- しょうゆ・・・・・・・・・・・・・・・ 大さじ1
- 酒・・・・・・・・・・・・・・・・・・・ 大さじ1
- ごま油・・・・・・・・・・・・・・・・ 大さじ1
- 塩・・・・・・・・・・・・・・・・・・・ 小さじ1
- こしょう・・・・・・・・・・・・・・・・・・ 少々
- 砂糖・・・・・・・・・・・・・・・・・・ 大さじ1
- ごま油・・・・・・・・・・・・・・・・・・・・ 適量
- シュウマイの皮・・・・・・・・・・・ 24枚

- トッピング［ホールコーン缶・むき枝豆・ミニトマト（4等分）・ボイルえび］ お好み
- たれ［しょうゆ・酢・ポン酢・ラー油］・・・・・・・・・・・・・・・・・・・・・・・・・ お好み
- 練りからし・・・・・・・・・・・・・・・・ お好み

作り方

1 玉ねぎに片栗粉をまぶす。ボウルに豚ひき肉、玉ねぎ、しょうが、Ⓐを入れ、粘り気が出るまで混ぜ合わせる。

2 たこ焼き用の穴に刷毛でごま油を塗り、シュウマイの皮を敷き詰める。皮の上に **1** を入れお好みのトッピングをのせる。ホットプレートを高温に熱し、蓋をして焼き色がつくまで3分ほど加熱する。水をひと回し入れて、蓋をして火が通るまで5分ほど加熱する。

3 お好みでたれや練りからしをつけていただく。

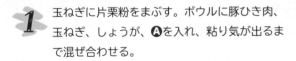

> **Point**
> ### たこ焼き用の穴を活用
>
> たこ焼き用ホットプレートは、シュウマイにぴったり。皮とあんを入れれば、包まず簡単にシュウマイになります。

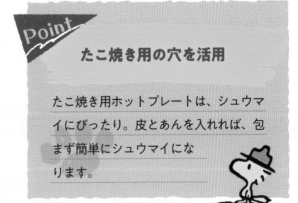

これ1品で食卓がパッと華やかに！

タコライス

沖縄料理の定番タコライスをホットプレートで！ ワイワイ囲みながら、いただきましょう。

材料（4人分）

- トマト ・・・・・・・・・・・・・・・ 1個
- レタス ・・・・・・・・・・・・・・・ 4枚
- サラダ油 ・・・・・・・・・・・・・・ 適量
- 玉ねぎ（みじん切り）・・・・・・・ 1/2個分
- にんにく（みじん切り）・・・・・・ 1かけ分
- 合いびき肉 ・・・・・・・・・・・・ 300g

Ⓐ
- 中濃ソース ・・・・・・・・・・ 大さじ2
- ケチャップ ・・・・・・・・・・ 大さじ3
- 塩 ・・・・・・・・・・・・・・ 小さじ1/2
- こしょう、ナツメグ ・・・・・・・ 少々

- ごはん ・・・・・・・・・・・・・・ 適量
- シュレッドチーズ（細切りタイプ）お好み
- ゆで卵（輪切り）・・・・・・・・ 2個分
- トルティーヤチップス ・・・・・・・ 適量
- チリペッパー ・・・・・・・・・・ お好み

作り方

1 トマトは角切り、レタスは2㎝幅に切る。

2 ホットプレートにサラダ油をひいて高温で熱し、玉ねぎ、にんにくを炒め、香りが出たら合いびき肉を加えて炒める。肉の色が変わったらⒶを加えて炒め、一度取り出し加熱を止める。

3 ホットプレートにごはんを全体に敷き詰める。2を中央にのせ、レタス、トマトを両端にのせる。シュレッドチーズを散らしゆで卵をのせる。

4 トルティーヤチップスを砕いてのせる。お好みでチリペッパーをかけていただく。

メキシカンな香りが漂うパーティー料理
メキシカンジャンバラヤ

アメリカの郷土料理ジャンバラヤは、スパイシーな香りが決め手！
ホットプレートでたくさん作って、みんなでいただきましょう。

材料(4人分)

- 鶏もも肉 ・・・・・・・・・・・・・・・・ 2枚
- ケイジャンスパイス（有塩）大さじ2～3
- パプリカ　赤・黄色 ・・・・・・・ 各1/2個
- オリーブオイル ・・・・・・・・・ 大さじ2～3
- 玉ねぎ（みじん切り） ・・・・・・・・・・・
　　　　　　　　　　　　　　・・・ 1/2個分
- にんにく（みじん切り）・・・・・・ 1かけ分
- 米 ・・・・・・・・・・・・・・・・・・・・・ 2合
- 水 ・・・・・・・・・・・・・・・・・・・ 400ml
- コンソメ（顆粒） ・・・・・・・・・ 小さじ2
- ライム ・・・・・・・・・・・・・・・・ お好み
- パクチー ・・・・・・・・・・・・・・・ お好み

作り方

1 鶏肉は、ケイジャンスパイスをすり込んでおく。パプリカは横半分に切り、種を除き、7～8mm幅の細切りにする。

2 ホットプレートを高温に熱し、オリーブオイル半量を入れ、鶏肉を皮目から入れてしっかり焼き目をつけ裏返して蓋をし火が通るまで焼き、一旦取り出し、食べやすい大きさに切る。

3 ホットプレートの汚れを拭き、残りのオリーブオイルを足してパプリカを焼き、取り出す。玉ねぎ、にんにくを炒め、玉ねぎが透き通ってきたら米を加えさらに炒め、水とコンソメを加えて弱火で混ぜながら加熱する。

4 蓋をして10分加熱し、一旦蓋を開けてパプリカ、**2**をのせて蓋をして、2～3分加熱して止める。お好みでライムとパクチーを添える。

お肉も野菜もモリモリ食べられる！

ビビンバ

カラフルなナムルをたっぷりのせたビビンバ。白いごはんとナムルを事前に用意しておけば、キャンプでも簡単に作れますよ。

材料（4人分）

- 牛薄切り肉 ・・・・・・・・・・・・・・・・・・ 300g
- Ⓐ
  - しょうゆ ・・・・・・・・・・・・・・・・ 大さじ2
  - 砂糖 ・・・・・・・・・・・・・・・・・・・ 大さじ1
  - みりん ・・・・・・・・・・・・・・・・・・ 大さじ1
  - にんにく（すりおろし）・・・・・ 1かけ分
- ほうれん草 ・・・・・・・・・・・・・・・・・・ 1束
- Ⓑ
  - ごま油 ・・・・・・・・・・・・・・・・・・ 大さじ1
  - 塩 ・・・・・・・・・・・・・・・・・・・・ 小さじ1/4
  - 鶏ガラスープの素 ・・・・・・・ 小さじ1/2
  - 白ごま ・・・・・・・・・・・・・・・・・・・・ 適量
- にんじん ・・・・・・・・・・・・・・・・・・ 1/2本

- Ⓒ
  - ごま油 ・・・・・・・・・・・・・・・・・・ 大さじ1
  - 塩 ・・・・・・・・・・・・・・・・・・・・ 小さじ1/4
  - 鶏ガラスープの素 ・・・・・・・ 小さじ1/2
  - 白ごま ・・・・・・・・・・・・・・・・・・・・ 適量
- 豆もやし ・・・・・・・・・・・・・・・・・・・・ 1袋
- Ⓓ
  - ごま油 ・・・・・・・・・・・・・・・・・・ 大さじ1
  - 塩 ・・・・・・・・・・・・・・・・・・・・ 小さじ1/2
  - 白ごま ・・・・・・・・・・・・・・・・・・・・ 適量
- ごま油 ・・・・・・・・・・・・・・・・・・ 大さじ1
- ごはん ・・・・・・・・・・・・・・・・・・・・ 適量
- 卵黄 ・・・・・・・・・・・・・・・・・・・・・・ 2個
- キムチ ・・・・・・・・・・・・・・・・・・・・ 適量
- コチュジャン ・・・・・・・・・・・・・・ お好み

作り方

1 牛肉は大きいものは半分に切り、Ⓐをもみ込む。

2 ナムル各種を作る。ほうれん草はゆでてザルに上げて水にさらし、水気をきって4〜5cm長さに切り、Ⓑと和える。にんじんは細切りにして、耐熱容器に入れふんわりラップをかけ、電子レンジ600Wで2分加熱し、冷ましてからⒸと和える。豆もやしはひげ根をとり、耐熱容器に入れふんわりラップをかけ、電子レンジ600Wで2分加熱し、水気をきりⒹと和える。

3 ホットプレートを中温に熱し、ごま油半量を入れて牛肉を炒め、火が通ったら取り出して、ペーパータオルでプレートを拭く。

4 ホットプレートに残りのごま油を入れて熱し、ごはんを全体に広げ、**3**をのせ、**2**をバランスよくのせる。卵黄、キムチをのせる。全体を混ぜながらいただく。コチュジャンはお好みで添える。

お肉の味をしっかり感じる！

Camp OK! ジュウジュウハンバーグ

みんなが大好きなハンバーグ。牛肉100％で作るので、肉肉しい食感や肉汁を味わえます。

Yummy!!

材料（4人分）

マッシュポテト

- じゃがいも ・・・・・・・・・・・・・・ 中4個
- バター ・・・・・・・・・・・・・・・・ 60g
- 牛乳 ・・・・・・・・・・・・・・・・・ 200㎖
- 塩 ・・・・・・・・・・・・・・・・・ 小さじ1/2
- 赤ワイン ・・・・・・・・・・・・・・・ 30㎖

Ⓐ
- ケチャップ ・・・・・・・・・・・ 大さじ4
- ウスターソース ・・・・・・・・・ 大さじ2
- はちみつ ・・・・・・・・・・・・ 大さじ2

- 牛ひき肉 ・・・・・・・・・・・・・・ 600g
- 玉ねぎ（みじん切り） ・・・・・・・ 1個分
- 卵 ・・・・・・・・・・・・・・・・・・ 2個
- パン粉 ・・・・・・・・・・・・・・ 大さじ6
- 牛乳 ・・・・・・・・・・・・・・・ 大さじ4
- 塩、こしょう ・・・・・・・・・・・・・ 少々
- ナツメグ ・・・・・・・・・・・・・・・ 少々
- つけ合わせ（アスパラ、クレソン、パプリカなど） ・・・・・・・・・・・・・・ お好み

作り方

1 マッシュポテトを作る。じゃがいもの皮をむき、柔らかくなるまでゆでて熱いうちにつぶす。バターを混ぜ、牛乳でのばし、塩で味を調える。

2 ソースを作る。フライパンに赤ワインを入れて加熱し、アルコール分が飛んだら、Ⓐを加えてさらに混ぜる。

3 ボウルに牛ひき肉、玉ねぎ、卵、パン粉、牛乳、塩、こしょう、ナツメグを入れ、粘り気が出るまでよく混ぜ4等分にし、両手でキャッチボールをするように空気を抜いて形を整える。

4 フライパンにサラダ油（分量外）適量を入れ熱し、強火～中火で **3** を焼いて焼き色をつけ、裏返して弱火にして蓋をして7～8分焼く。器に盛り付け、**1**、お好みでつけ合わせを添え、**2** をかける。

お好みタコス（p.38）

焼きマシュマロ（p.34）

型抜き野菜サラダ（p.37）

和風ピラフ（p.36）

キャンプのお楽しみメニューをおうちで!

Camp OK! 焼きマシュマロ

香ばしい焼き目と、焼いてとろ〜りとしたマシュマロが最高!
マシュマロはお好みの焼き加減で調整してOKです。

材料(作りやすい量)

- マシュマロ(大小)・・・・・・・・・・・ 適量
- お好みのフルーツ(ブルーベリー、ラズベリー
  など)・・・・・・・・・・・・・・・・ 適量
- チョコレートソース ・・・・・・・・ お好み

作り方

1 マシュマロ(大)は小枝等にさして、直火であ
ぶる。

2 スキレットにマシュマロ(小)を入れ、少し溶
けるくらいまで直火にかけ、表面はバーナーで
あぶる。上にフルーツをのせる。

3 チョコレートソースをお好みでかける。

AND WE'LL START EATING AS SOON AS WOODSTOCK GETS HERE WITH THE MARSHMALLOWS...

PEANUTS Comic Strip: © 1988 Peanuts Worldwide LLC

しょうがが香る和風な味つけ

🚩Camp OK! 和風ピラフ

ピラフをメスティンで簡単に。ごはんを炒めてから炊くので、パラパラに仕上がります。

🪵 材料(2人分)

- えび ・・・・・・・・・・・・・・・・・ 3尾
- 生鮭の切り身 ・・・・・・・・・ 1切れ
- 塩、こしょう ・・・・・・・・・ 少々
- ブラックオリーブ（種抜き）・・・・ 2粒
- さやいんげん ・・・・・・・・・ 2本
- ごま油 ・・・・・・・・・・・・ 大さじ2
- にんにく（みじん切り）・・・・ 1/2かけ分
- 米 ・・・・・・・・・・・・・・・・ 2合
- Ⓐ ┌ めんつゆ（3倍濃縮）・・・ 大さじ4
  └ 水 ・・・・・・・・・・・・・・ 350㎖
- しょうが（せん切り）・・・・・ 1/2かけ分
- かつお節 ・・・・・・・・・・・・・ お好み

🪵 作り方

1 えびは背わたを除く。鮭は4等分に切り塩、こしょうをする。ブラックオリーブは、4等分の輪切りにする。いんげんはスジを除き、5〜6等分に切る。

2 メスティンにごま油半量を入れ熱し、えびと鮭を入れて焦がさないように表面を焼いて取り出す。

3 汚れを拭き、にんにくと残りのごま油を入れて弱火で炒め香りを出し、すぐに米（研がずにそのまま）を入れてかき混ぜながら少し透明になるまで炒める。

4 一度火を止めてⒶを混ぜて加え、しょうがを散らし、えびと鮭をのせて蓋をして、強火にかける。沸騰したら弱火で10分加熱し火を止める。一度蓋を開け、ブラックオリーブ、いんげんを散らし蓋を閉め、弱火で2分加熱し火を止めてそのまま2〜3分ほど蒸らす。お好みでかつお節をのせる。

型抜き野菜がかわいい！

型抜き野菜サラダ

普段のサラダに型抜き野菜をのせれば、パッと華やかなサラダに！
野菜はみんなでいっしょに型抜きしましょう。

材料（4人分）

- リーフレタス・・・・・・・・・・・・・・・・・ 2〜3枚
- サニーレタス・・・・・・・・・・・・・・・・・ 2〜3枚
- きゅうり・・・・・・・・・・・・・・・・・・・・・ 1/2本
- 紅芯大根・・・・・・・・・・・・・・・・・・・ 1/4個
- 大根・・・・・・・・・・・・・・・・・・・・・・・ 1/8個
- パプリカ・・・・・・・・・・・・・・・・ 赤・黄 各1個

作り方

1 リーフレタス、サニーレタスは洗って水気をきり一口大にちぎる。きゅうりは縦半分に切ってから3mm厚さに斜めに切る。

2 紅芯大根、大根を5mm厚さに切り、型でくり抜く。パプリカは縦半分に切り種を除き、型でくり抜く。

3 **1**を先に盛りつけ、**2**をバランスよくのせる。お好みのドレッシングをかける。

Point

型抜きは協力して

野菜の型抜きは、ぜひ家族や友人でみんなで協力してやりましょう。みんなでやれば、スピーディーに楽しくできるはず！
ドレッシングはp.40-41の中から、お好みのものを用意して。

好きな組み合わせを見つけよう！

Camp OK! お好みタコス

具材をたくさんそろえると、それぞれの「お好み」スタイルにできます。
BBQソース（p.56）はタコスにもおすすめ！

材料（4人分）

- にんにく（みじん切り）‥‥‥‥1かけ分
- オリーブオイル‥‥‥‥‥‥‥大さじ2
- 牛薄切り肉‥‥‥‥‥‥‥‥‥‥200g
- 塩、こしょう‥‥‥‥‥‥‥‥‥‥少々
- コリアンダー（パウダー）‥‥‥‥少々
- 鶏ささみ‥‥‥‥‥‥‥‥‥‥‥‥3本
- ケイジャンスパイス（有塩）‥‥大さじ1
- レタス‥‥‥‥‥‥‥‥‥‥‥‥3～4枚
- 紫玉ねぎ‥‥‥‥‥‥‥‥‥‥‥1/4個

Ⓐ
- ┌ ケチャップ‥‥‥‥‥‥‥‥大さじ3
- │ 中濃ソース‥‥‥‥‥‥‥‥大さじ1
- └ マスタード‥‥‥‥‥‥‥‥小さじ1

Ⓑ
- ┌ アボカド‥‥‥‥‥‥‥‥‥‥‥1個
- │ マヨネーズ‥‥‥‥‥‥‥‥大さじ3
- └ 塩、こしょう‥‥‥‥‥‥‥‥‥少々

Ⓒ
- ┌ トマト‥‥‥‥‥‥‥‥‥‥‥‥1玉
- │ パクチー（みじん切り）‥‥‥‥1株分
- │ 塩、こしょう‥‥‥‥‥‥‥‥‥少々
- └ オリーブオイル‥‥‥‥‥‥‥大さじ2
- シュレッドチーズ‥‥‥‥‥‥‥‥適量
- ライム（くし切り）‥‥‥‥‥‥1個分
- トルティーヤ生地（ソフト・ハード）
  ‥‥‥‥‥‥‥‥‥‥‥‥‥‥‥‥適量

作り方

1 フライパンににんにく、オリーブオイル半量を入れて熱し、牛肉を炒め、塩、こしょう、コリアンダーで味を調える。鶏ささみはスジを除き、ケイジャンスパイスをすり込む。フライパンに残りのオリーブオイルを熱し、鶏ささみを入れ返しながら焼く。粗熱が取れたら、そぎ切りにする。

2 レタスは粗めのせん切り、紫玉ねぎは薄切りにし、水にさらして水気をよくきる。

3 Ⓐを合わせ、ソースにする。Ⓑのアボカドは皮をむき、種を除きつぶして、他の材料と合わせ、アボカドディップにする。Ⓒのトマトのヘタを除き、7～8mmの角切りにし、他の材料と合わせる。

4 器に **1** ～ **3** 、シュレッドチーズとライムをそれぞれ盛り付ける。トルティーヤの皮で、お好みの具材を巻いていただく。

サラダの世界が広がる！ドレッシング・バリエーション

野菜を切って盛るだけの簡単サラダも、ドレッシングを変えればごちそうになります。いろいろ試してみましょう！

ほんのり感じる花椒の辛み
中華風花椒（ホア ジャオ）ドレッシング

材料（作りやすい量）

- 長ねぎ（みじん切り） ········· 50g
- ごま油 ······················ 大さじ3
- ラー油 ······················ 小さじ1
- 酢 ························· 大さじ3
- しょうゆ ···················· 大さじ1
- 白ごま ······················ 小さじ1
- 砂糖 ························· 大さじ1
- 花椒（パウダー） ········· 小さじ1/2

作り方

1 全ての材料をボウルに入れ、混ぜる。冷蔵庫で3～4日ほど保存可能。

にんじんの甘みを感じる
にんじんドレッシング

材料（作りやすい量）

- にんじん（すりおろし） ······ 100g
- 玉ねぎ（すりおろし） ········· 70g
- **Ⓐ**
  - 酢 ······················ 50㎖
  - オリーブオイル ············ 50㎖
  - 塩 ······················ 小さじ1
  - こしょう ·················· 少々
  - 砂糖 ···················· 大さじ1

作り方

1 にんじん、玉ねぎを耐熱容器に入れてラップをして電子レンジ600Wで1分加熱し、粗熱を取る。

2 をボウルに入れよく混ぜ、と合わせて混ぜる。冷蔵庫で3～4日ほど保存可能。

甘酒で甘みとクリーミーさがアップ！

甘酒シーザードレッシング

材料（作りやすい量）

- 甘酒・・・・・・・・・・・・・ 大さじ2
- 酢・・・・・・・・・・・・・・・ 大さじ1
- 豆乳・・・・・・・・・・・・・・ 50㎖
- しょうゆ・・・・・・・・・ 小さじ1/2
- 粉チーズ・・・・・・・・・・ 大さじ3
- 粗びき黒こしょう・・・・・・・・ 少々

作り方

1 全ての材料をボウルに入れ、混ぜる。冷蔵庫で3〜4日ほど保存可能。

Point ポテトサラダを作るときに、調味料代わりに使ってもOK！

いろいろなものに応用できる！

ハニーマスタードドレッシング

材料（作りやすい量）

- 玉ねぎ（みじん切り）・・・・・・・ 50g
- 粒マスタード・・・・・・・・・・ 大さじ1
- ワインビネガー・・・・・・・・ 大さじ1
- マヨネーズ・・・・・・・・・・ 大さじ2
- はちみつ・・・・・・・・・・・ 大さじ1
- 塩・・・・・・・・・・・・・ 小さじ1/4

作り方

1 玉ねぎを耐熱容器に入れラップをして電子レンジ600Wで40秒加熱し、粗熱を取って他の材料を入れ混ぜる。冷蔵庫で3〜4日ほど保存可能。

Point タルタルソース代わりに、揚げ物に合わせてもおいしい！

アツアツのうちに召し上がれ

Camp OK!

メスティンでお餅グラタン風

メスティン×お餅×シチューのルウで、簡単にアツアツとろとろのグラタンが作れます。お餅が冷めないうちにどうぞ。

材料（2人分）

- 餅 ・・・・・・・・・・・・・・・・・・・・・ 2個
- ベーコン ・・・・・・・・・・・・・・・ 50g
- 玉ねぎ ・・・・・・・・・・・・・・・ 1/4個
- 長いも ・・・・・・・・・・・・・・・ 250g
- オリーブオイル ・・・・・・・ 大さじ1
- 水 ・・・・・・・・・・・・・・・・・ 300㎖

- クリームシチューのルウ ・・・・・・・ 2かけ
- シュレッドチーズ ・・・・・・・・・・・・・40g
- 青ねぎ（小口切り） ・・・・・・・・・・・ 適量

とろ
とろ

作り方

1 餅は1つを4等分に切る。ベーコンは短冊に切り、玉ねぎは薄切りにする。長いもは皮をむき7～8㎜の半月切りにする。

2 メスティンにオリーブオイルを入れてベーコン、玉ねぎ、長いもを中火で炒める。全体に火が通ったら、水を入れる。沸騰したら弱火にしてシチューのルウと、餅を入れて加熱する。グツグツ煮たったら混ぜながら加熱していく。

3 ルウが溶けてきたらシュレットチーズをのせる。チーズが溶けてきたら、青ねぎを散らす。

ごま油の香りが食欲をそそる！

🚩 Camp OK! チャプチェ 定番の韓国料理チャプチェをメスティンで。

🥫 材料（2人分）

- 韓国春雨 ‥‥‥‥‥‥‥‥‥‥50g
- 牛薄切り肉 ‥‥‥‥‥‥‥‥‥60g
- Ⓐ┌コチュジャン ‥‥‥‥‥‥小さじ1
　　└酒 ‥‥‥‥‥‥‥‥‥‥小さじ1
- 玉ねぎ ‥‥‥‥‥‥‥‥‥‥1/4個
- パプリカ赤・黄 ‥‥‥‥‥‥各1/4個
- にら ‥‥‥‥‥‥‥‥‥‥‥2〜3本
- 塩、こしょう ‥‥‥‥‥‥‥少々
- ごま油 ‥‥‥‥‥‥‥‥‥‥大さじ1
- Ⓑ┌しょうゆ ‥‥‥‥‥‥‥大さじ1
　　│砂糖 ‥‥‥‥‥‥‥‥‥大さじ1
　　└にんにく（すりおろし） 1かけ分
- 白ごま ‥‥‥‥‥‥‥‥‥‥お好み

🥫 作り方

1 春雨をメスティンに入る大きさに切る。牛肉は大きいものは切り、Ⓐをすり込む。玉ねぎは薄切り、パプリカは縦半分に切り種を除き細切り、にらは3cm幅に切る。

2 メスティンに水（分量外）を7〜8割程度入れ沸騰させ、春雨を5〜6分ゆでる。玉ねぎ、パプリカを加えていっしょに加熱し、水が1割ほどになったら塩、こしょうを入れる。

3 牛肉を入れ火が通ったらごま油、にらを加えて混ぜ、火を止める。Ⓑを加え、お好みで白ごまを散らす。

クリーミーさと食感を楽しんで！

 たらこクリーム ショートパスタ

Camp OK!

濃厚でたらこのうまみがたっぷりのクリームパスタは、大人も子供も大好きなメニューです。

材料（2人分）

- ペンネ・・・・・・・・・・・・・・・・・・100g
- 塩・・・・・・・・・・・・・・・・・・・・・少々
- オリーブオイル・・・・・・・・・大さじ1
- たらこ・・・・・・・・・・・・・・・・・・100g
- 生クリーム・・・・・・・・・・・・・・200㎖
- 白だし・・・・・・・・・・・・・・・・小さじ2
- パセリ（みじん切り）・・・・・・・・お好み

作り方

1 メスティンに水（分量外）を7〜8割程度入れ沸騰させ、ペンネを入れて蓋をし、パッケージの表記時間通りにゆでる（約10分）。

2 蓋を開け水を1割程度残して、塩とオリーブオイル入れ、軽く混ぜて全体になじませる。

3 たらこの薄皮を包丁の背を使って取り除いてほぐし、トッピング用に大さじ1程度残して、2に生クリーム、白だしとともに混ぜる。

4 残りのたらこをのせ、お好みでパセリを散らす。

Point メスティンの 噴きこぼれに注意

メスティンでペンネをゆでると、噴きこぼれやすいので注意。噴きこぼれていいようにトレイなどを敷いておきましょう。

朝食にぴったり！

お食事ホットケーキ

ふわふわのホットケーキに、ウインナーと目玉焼きを合わせれば立派なお食事に。フルーツなどを合わせればおやつにもなります。

 材料（4人分）

- 卵 ‥‥‥‥‥‥‥‥‥‥‥ 2個
- 砂糖 ‥‥‥‥‥‥‥‥‥ 100g
- 牛乳 ‥‥‥‥‥‥‥‥‥ 300㎖
- 薄力粉 ‥‥‥‥‥‥‥‥ 400g
- ベーキングパウダー ‥‥‥ 小さじ1
- バター・粉糖 ‥‥‥‥‥‥‥ 適量
- ウインナーソーセージ（焼いておく） 8本
- 目玉焼き ‥‥‥‥‥‥ 卵8個分

作り方

1 卵に砂糖をすり混ぜ、牛乳を加える。薄力粉とベーキングパウダーをふるいながら入れてさらに混ぜる。

2 フライパンを中火で熱し、ぬれぶきんの上で少し冷ます。

3 *1* を高めの位置からおたまで一気に落とし、弱火で3分焼き、泡が出たらすぐに裏返す。弱火で約2分焼き、火が通れば完成。

4 器に盛り付け、バターをのせ、粉糖をふる。ウインナー、目玉焼きを添える。

Point
粉糖デコレーションのコツ

粉糖をふる際、デコ用のステンシルシートやプレートなどを使えばかわいくなります。そのときはシートをなるべくホットケーキに近づけてふると、きれいに仕上がります。

野菜がメインになる！

Camp OK! ごちそうスープ

野菜のうまみをたっぷり味わえる、野菜が主役のスープです。
型抜きで抜けば、見た目もかわいい！

🐦 材料（4人分）

- キャベツ ・・・・・・・・・・・・・・・・・ 1/2玉
- 玉ねぎ ・・・・・・・・・・・・・・・・・・・・ 1個
- じゃがいも ・・・・・・・・・・・・・ 大3個
- にんじん ・・・・・・・・・・・・・・・・・ 1本
- ウインナーソーセージ ・・・・・ 5〜6本
- オリーブオイル ・・・・・・・・・ 大さじ1
- 水 ・・・・・・・・・・・・・・・・・・・・ 800㎖
- コンソメ（顆粒） ・・・・・・・・ 大さじ1
- 塩、こしょう ・・・・・・・・・・・・・・ 少々
- パセリ（みじん切り） ・・・・・ お好み
- 粒マスタード ・・・・・・・・・・・ お好み
- 粗びき黒こしょう ・・・・・・・・ お好み

🐦 作り方

1. キャベツは芯を除き、ざく切りにする。玉ねぎは2cm角程度に切る。じゃがいもとにんじんは、なるべく広い面が取れる場所を1cm幅に切り、型でくり抜く。ウインナーは斜め半分に切る。

2. 鍋にオリーブオイルを入れて熱し、1のキャベツ以外を入れて中火で炒める。

3. 水、コンソメを入れて沸騰したら、キャベツを入れて中火で7〜8分、じゃがいもに火が通り煮崩れない程度に煮て、塩、こしょうをする。

4. 器に盛り、お好みでパセリや粒マスタード、粗びき黒こしょうを添えていただく。

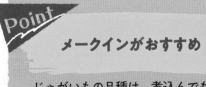

メークインがおすすめ

じゃがいもの品種は、煮込んでも煮崩れしにくいメークインがおすすめです。

ポテトフライ＆チップス（p.52）

ニース風サラダ（p.55）

PEANUTS
MEMORY CARD GAME
30 CARDS
15 COOKIE DESIGNS

海鮮チャウダー（p.58）

クラシックナポリタン（p.54）

みんな大好き！　パーティーにかかせない！

ポテトフライ&チップス

みんなで集まったときに食べたい2品。フードペンでみんなでデコって、かわいく仕上げて。

材料（4人分）

- じゃがいも ・・・・・・・・・・・・・・・・ 中6個
- サラダ油 ・・・・・・・・・・・・・・・・・・ 適量
- 塩 ・・・・・・・・・・・・・・・・・・・・・・・・ 適量
- フードペン ・・・・・・・・・・・・・・・ お好み

作り方

1 じゃがいもはよく洗い、ポテトフライ用（4個）は皮ごと8等分程度に切って水につけておく（30分以上）。チップス用（2個）は、スライサーで薄くスライスして、3〜4時間水につけでんぷんを落とす。

2 **1**の水気をきり、水分を拭き取る。170℃に熱したサラダ油にポテトフライ用とチップス用のじゃがいもをそれぞれ入れて、表面が薄く色づくまで揚げ、油をよくきって取り出す。

3 ボウルに入れて塩をふりよく混ぜる。お好みでフードペンで文字を書く。

Point

簡単にデコれるフードペン

食品に直接文字やイラストが書けるフードペン。簡単にかわいくデコることができます。名前やイニシャルを書くと、盛り上がりそう！

どこか懐かしいケチャップの香り

Camp OK! クラシックナポリタン

喫茶店の王道メニューといえばこれ！ やや太めのパスタにソースをたっぷりからめて召し上がれ。

材料（4人分）

- 玉ねぎ ・・・・・・・・・・・・・・・・・・1/2 個
- ピーマン ・・・・・・・・・・・・・・・・・・3 個
- ウインナーソーセージ ・・・・・・・8 本
- スパゲッティ（1.9mm以上）・・・・400g
- オリーブオイル ・・・・・・・・・・大さじ 2
- Ⓐ [ケチャップ ・・・・・・・350〜400g
     ウスターソース ・・・・・・・大さじ 4
     はちみつ ・・・・・・・・・・・大さじ 4]
- バター ・・・・・・・・・・・・・・・・・・・60g
- 粉チーズ ・・・・・・・・・・・・・・・お好み

作り方

1 玉ねぎを薄切りにする。ピーマンは種を除き、細切りにする。ウインナーは斜め切りする。

2 鍋に湯をわかし、塩を加え（分量外、水分量の3％程度）スパゲッティをパッケージの表記時間通りにゆで、湯をきる。

3 フライパンにオリーブオイルを入れ、玉ねぎ、ウインナーを入れて炒め、さらにピーマンを加えて炒める。

4 Ⓐを合わせる。**3** にバターを加え、**2** を合わせて炒め、Ⓐを加えて混ぜる。お好みで粉チーズをかける。

ボリュームたっぷりの大満足サラダ

🚩ニース風サラダ

フランスの都市ニースで生まれたサラダをアレンジ！ このサラダにぴったりのナッツドレッシングも紹介します。

🧑‍🍳材料(4人分)

- レタス ‥‥‥‥‥‥‥‥‥‥‥ 6枚
- サニーレタス ‥‥‥‥‥‥‥‥ 4枚
- トマト ‥‥‥‥‥‥‥‥‥‥‥ 1個
- 紅芯大根 ‥‥‥‥‥‥ 2mm厚さ4枚
- ブラックオリーブ（種抜き）‥ 4個
- じゃがいも ‥‥‥‥‥‥‥ 中2個
- チコリ ‥‥‥‥‥‥‥‥‥‥ 8枚
- ゆで卵（6等分）‥‥‥‥‥ 2個分

Ⓐ
- 酢 ‥‥‥‥‥‥‥‥‥‥ 大さじ2
- 塩 ‥‥‥‥‥‥‥‥‥‥ 小さじ1
- こしょう ‥‥‥‥‥‥‥‥‥ 少々
- 砂糖 ‥‥‥‥‥‥‥‥‥ 大さじ2
- ピーナッツバター（無塩）‥‥ 大さじ4
- ミックスナッツ（細かく砕く）‥ 40g
- 牛乳‥‥‥‥‥‥‥‥‥‥ 120mℓ
- オリーブオイル ‥‥‥‥‥ 大さじ2

🧑‍🍳作り方

1 レタス、サニーレタスは一口大にちぎる。トマトはヘタを除き乱切り、紅芯大根は6等分に切る。ブラックオリーブは4等分の輪切りにする。じゃがいもはよく洗って皮つきのまま8等分に切り、塩ゆでして冷ましておく。

2 皿にレタス、サニーレタスを敷き、チコリを散らす。トマト、紅芯大根、ゆで卵、ブラックオリーブ、じゃがいもを彩りよく並べる。

3 Ⓐを混ぜドレッシングを作り（冷蔵庫で3～4日ほど保存可能）、**2**にかけていただく。

作っておくと便利！
いろいろソースのレシピ

普段の味つけに飽きたら、いろんな味のソースを作ってマンネリを解消しましょう。

香味野菜の香りが食欲を刺激する

ユーリンチー風ソース

材料（作りやすい量）

- 長ねぎ（みじん切り）
  ………… 60g
- しょうが（みじん切り）
  ………… 30g

Ⓐ
- 酢 ……………… 50mℓ
- 砂糖 …………… 大さじ2
- しょうゆ ……… 大さじ1
- ごま油 ………… 大さじ1

Point ユーリンチーとして、から揚げにたっぷりかけて。その他に揚げた魚など揚げ物と合わせるのもおすすめ。サッパリとして、モリモリいただけます。

作り方

1 長ねぎ、しょうがを耐熱容器に入れラップをして電子レンジ600Wで1分加熱し、粗熱をとる。

2 ボウルにⒶを入れ混ぜ、1とごま油を加えて混ぜる。冷蔵庫で3〜4日ほど保存可能。

アメリカで愛される定番ソース **BBQソース**

材料（作りやすい量）

- 玉ねぎ（すりおろし）
  ………… 70g
- りんご（すりおろし）… 70g
- にんにく（すりおろし）1かけ分
- レモン汁 ……… 小さじ1
- ケチャップ …… 大さじ4
- ウスターソース … 大さじ1
- 赤ワイン ……… 大さじ1

Point 漬けだれとしても使えます。スペアリブなどの肉を漬けておけば、パーティーやバーベーキューのメイン料理に！

作り方

1 鍋に全ての材料を入れて中火で熱し、沸騰したら弱火にして時々混ぜながら10分煮る。冷蔵庫で3〜4日ほど保存可能。

お手軽にメキシカン気分！

カラフルトマトサルサソース

材料（作りやすい量）

- ミニトマト（赤・黄色・緑）
  ‥‥‥‥‥‥‥‥‥‥ 70g
- 赤玉ねぎ（みじん切り）
  ‥‥‥‥‥‥‥‥‥‥ 40g
- パクチー（みじん切り） 1〜2本分

Ⓐ
- オリーブオイル
  ‥‥‥‥‥‥‥‥ 50㎖
- 塩 ‥‥‥‥ 小さじ 1/4
- ケチャップ ‥ 大さじ 3
- チリパウダー
  ‥‥‥‥‥‥‥‥ 少々

作り方

1 ミニトマトはヘタを取り、4等分に切る。

2 ボウルに **1** と赤玉ねぎ、パクチー、Ⓐを混ぜる。冷蔵庫で3〜4日ほど保存可能。

Point タコス（p.38）のソースとして使える他、トルティーヤチップスなどのスナック菓子につけてもおいしいです。

濃厚でクリーミー！ # チーズソース

Point 濃厚なので、シンプルなサラダに。野菜スティックのディップや、型抜き野菜サラダ（p.37）にも◎。

材料（作りやすい量）

- カッテージチーズ ‥‥ 30g
- マヨネーズ ‥‥‥‥ 大さじ 4
- マスタード ‥‥‥‥ 小さじ 1
- パセリ（みじん切り） 小さじ 1
- 牛乳‥‥‥‥‥‥‥‥ 50㎖

作り方

1 ボウルに全ての材料を入れてよく混ぜる。冷蔵庫で3〜4日ほど保存可能。

甘辛がおいしい韓国風！ # ヤンニョムソース

材料（作りやすい量）

- コチュジャン‥‥‥ 大さじ2
- ケチャップ ‥‥‥ 大さじ1
- 白ごま‥‥‥‥‥‥ 少々
- 砂糖‥‥‥‥‥‥ 小さじ1
- しょうゆ‥‥‥‥ 小さじ1
- ごま油‥‥‥‥‥ 小さじ1

作り方

1 ボウルに全ての材料を入れてよく混ぜる。冷蔵庫3〜4日ほど保存可能。

Point ヤンニョムチキンとして、から揚げにかけるのはもちろんのこと、生肉をソースに漬けて、もみだれにしてもおいしい！

クリーミーで魚介のうまみたっぷり！

Camp OK! 海鮮チャウダー

アメリカ発祥の魚介入りスープのチャウダーは、
ホッとする優しい味わい。心も身体も温まります。

材料（4人分）

・えび ･････････････････	15尾
・玉ねぎ ･･････････････	1個
・じゃがいも ･･････････	中2個
・オリーブオイル ･･････	さじ1
・あさり（砂抜きしたもの）････	300g
・白ワイン ･･････････	大さじ2
・バター ･････････････	40g
・薄力粉 ････････････	大さじ2
・水 ･････････････････	200㎖
・コンソメ（顆粒）･･････	大さじ1
・牛乳 ･･･････････････	300㎖
・塩、こしょう ･･･････････	少々
・パセリ（みじん切り）･･････	お好み

作り方

1 えびは背わたを除き尾を残して殻をむく。玉ねぎ、じゃがいもは、皮をむき1.5㎝角に切る。

2 鍋にオリーブオイルを入れ熱し、あさり、えびを入れて加熱し、白ワインを加える。

3 2にバター、玉ねぎ、じゃがいもを加え、バターが溶けたら薄力粉を入れて混ぜる。

4 水、コンソメ、牛乳を加え、アクを取りながら野菜に火が通るまで煮て、塩、こしょうで味を調える。器に盛りお好みでパセリを散らす。

ぱぱっと作れる！ かわいいスープレシピ！

食べると体が温まるスープは、キャンプでもぜひ食べたい1品。
具材を切って、炒めて、煮ればいいので、工程も簡単。

優しくほっとする味 **森のきのこのミルクスープ**

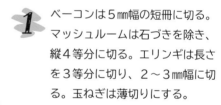

材料（4人分）

- ベーコン ······················· 200g
- マッシュルーム ··············· 8個
- エリンギ ······················· 4本
- 玉ねぎ ··························· 1/2個
- バター ··························· 30g
- 牛乳 ······························· 800㎖
- コンソメ（顆粒） ··· 大さじ1・1/2
- 塩、こしょう ···················· 少々
- パセリ（みじん切り） ······ お好み

作り方

1 ベーコンは5㎜幅の短冊に切る。マッシュルームは石づきを除き、縦4等分に切る。エリンギは長さを3等分に切り、2〜3㎜幅に切る。玉ねぎは薄切りにする。

2 バターを鍋に入れ、中火で焦がさないように **1** を炒める。玉ねぎがしんなりしてきたら、牛乳、コンソメを入れて火が通るまで煮て、塩、こしょうで味を調える。

3 器に盛り、お好みでパセリを散らす。

Point きのこは、お好みのきのこに変えて作ってもOKです。

具だくさんがうれしい！
とろ～り卵のおみそ汁

🐾材料（4人分）

- キャベツ‥‥1/4個
- にんじん‥‥1/2本
- 長ねぎ‥‥‥1本
- 水‥‥‥‥‥1ℓ
- かつお粉
　‥‥‥‥大さじ2
- みそ‥‥‥大さじ6
- 卵‥‥‥‥‥4個

🐾作り方

1 キャベツは芯を除きざく切り、にんじんは皮をむき短冊切り、長ねぎは2～3㎜厚さに斜め切りにする。

2 鍋に水、かつお粉、キャベツ、にんじんを入れて火にかける。野菜が柔らかくなったら火を止め、長ねぎとみそを入れる。

Point 卵の固さはお好みで調整してください。

3 再び火をつけ卵を割り入れて表面が固まったら、火を止める。

たくさん作ってモリモリ食べよう！
具だくさんミネストローネ

🐾材料（4人分）

- ウインナーソーセージ‥10本
- にんじん‥‥‥‥‥1本
- 玉ねぎ‥‥‥‥‥‥1個
- ズッキーニ‥‥‥‥1本
- パプリカ　赤・黄色
　‥‥‥‥‥‥各1/2個
- トマト‥‥‥‥‥‥4個
- オリーブオイル‥‥大さじ2
- にんにく（みじん切り）‥2かけ分
- 水‥‥‥‥‥‥‥‥1ℓ
- コンソメ（顆粒）‥‥小さじ2
- トマトペースト‥‥35g
- ショートパスタ‥‥80g
- 塩、こしょう‥‥‥少々

🐾作り方

1 ウインナーは1㎝幅、にんじんは皮をむき1㎝角に切る。玉ねぎ、ズッキーニ、パプリカ、トマトも同じように切る。

2 鍋にオリーブオイル、にんにくを入れ弱火で炒め香りが立ってきたらトマト以外の野菜を加え中火で炒める。

3 しんなりしたらトマト、ウインナー、水、コンソメ、トマトペーストを入れ中火で5分煮込む。ショートパスタを加えて10分煮て、柔らかくなったら塩、こしょうを加えて味を調える。

カリッと焼けたパンがおいしい！

Camp OK! **2種のホットサンド**

挟んで焼くだけのホットサンドは、おうちでも大活躍。
おかず系とスイーツ系の2種を紹介します。

材料（4人分）

ベーコンエッグチーズ
- ・ベーコン ・・・・・・・・・・・・・・・・・・・ 2枚
- ・食パン（8枚切り）・・・・・・・・・ 2枚
- ・シュレッドチーズ ・・・・・・・・・・ 60g
- ・目玉焼き（両面焼き）・・・・・・・ 2個

キャラメルナッツサンド
- ・ナッツ（アーモンド、カシューナッツなど）・・・・・・・・・・・・・・・・・・・・・・ 40g
- ・食パン（8枚切り）・・・・・・・・・ 2枚
- ・バナナ（輪切り）・・・・・・・・・ 1本分
- ・キャラメルソース ・・・・・・・・・・ 適量
- ・ベビーリーフ、キャロットラペ ・・・・ お好み

作り方

1 ベーコンエッグチーズを作る。ベーコンは半分に切る。ホットサンドメーカーに食パンをのせ、チーズ、ベーコン、目玉焼きをのせて、折りたたむように閉じて弱火で1分〜1分30秒加熱し、返して裏面も焼く。

2 キャラメルナッツサンドを作る。ナッツは包丁で砕く。ホットサンドメーカーに食パンをのせ、バナナ、ナッツを散らし、キャラメルソースをかけ、折りたたむように閉じて**1**と同じように焼く。器に盛り付けお好みでベビーリーフ、キャロットラペを添える。

❀卵とハムのデコフラワー

❀スヌーピーおにぎり

❀ハートのウインナー

かわいいお弁当でおうちキャンプ気分

おにぎりランチボックス

型抜きおにぎりが主役のランチボックスです。
定番おかずもデコれば、楽しいお弁当に大変身。
デコアイデアを紹介します。

材料（お弁当箱1つ分）

- ごはん ･･････････････････････････ 適量
- のり ････････････････････････････ 適量

薄焼き卵
- 卵 ････････････････････････････ 1個
- 塩 ････････････････････････････ 少々
- 砂糖 ･･････････････････････ 大さじ 1/2
- サラダ油 ･････････････････････ 適量

- パスタ ･･････････････････････････ 1本
- ハム（薄切り） ･･･････････････････ 1枚
- サラダ油 ･･･････････････････････ 適量
- 赤ウインナーソーセージ ････････････ 2本
- グリーンリーフ ･･･････････････････ 適量
- ゆで卵（半分に切る） ･･････････ 1個分
- のりシート ･･････････････････････ 1枚
- その他お好みのおかず ･･････････････ 適量

作り方

1 おにぎり型にごはんを詰めて型どり、のりを耳・鼻・口の形にハサミでカットしてのせ顔を作る。前足用に少量丸めたごはんを2つ作る。

2 ボウルに卵を割り塩、砂糖を入れよく溶いて濾し、卵焼き器にサラダ油を入れ薄焼き卵を作る。冷めたら半分に切り、細長い長方形になるように折る。折り目側に3〜5mm幅間隔で半分くらいの長さまで切り込みを入れ、端からくるくるときつめに巻く。巻き終わりを適当な長さに折ったパスタで留める。ハムの両端を少し落とし、薄焼き卵と同様にする。

3 フライパンにサラダ油をひき赤ウインナーを炒める。1本は斜め半分にカットしハートになるように断面を合わせ、適当な長さに折ったパスタで留める。残りの1本は縦半分にカットし、ハートの型抜きで抜き **1** の顔にのせる。

4 お弁当箱の下側におにぎりのスヌーピーの顔を入れ、顔の下に前足をおき、間にハートの赤ウインナーをのせる。周りにグリーンリーフを敷き、ゆで卵をいれ、上にのりシートをのせる。その他のお好みのおかずを詰める。

卵・のり・チーズでカレーをかわいく！

オムカレー

ごはん型とトッピング具材でカレーをデコ！
カレーの具は一度細かくして作るので、子供も食べやすいカレーです。

材料(4人分)

- 玉ねぎ ・・・・・・・・・・・・・・・・・・・ 1個
- にんじん ・・・・・・・・・・・・・・・・・ 1本
- りんご ・・・・・・・・・・・・・・・・・・・ 1/3個
- バター ・・・・・・・・・・・・・・・・・・・ 20g
- にんにく（すりおろし） ・・・・・・ 1かけ分
- しょうが（すりおろし） ・・・・・ 1/3かけ分
- カレー粉 ・・・・・・・・・・・・・・・・ 小さじ1
- 水 ・・・・・・・・・・・・・・・・・・・・・ 500ml

Ⓐ
- コンソメ（顆粒） ・・・・・・・・・ 大さじ1
- はちみつ ・・・・・・・・・・・・・・・ 大さじ2
- ウスターソース ・・・・・・・・・・ 大さじ3
- ケチャップ ・・・・・・・・・・・・・ 大さじ1
- 塩 ・・・・・・・・・・・・・・・・・・・ 小さじ1/4

- ごはん ・・・・・・・・・・・・・・・・・・・ 適量
- 薄焼き卵 ・・・・・・・・・・・・・・・・・ 2枚
- のり ・・・・・・・・・・・・・・・・・・・・・ 適量
- スライスチーズ ・・・・・・・・・・・・・ 1枚

作り方

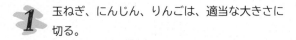

1 玉ねぎ、にんじん、りんごは、適当な大きさに切る。

2 鍋にバターを入れ、にんにく、しょうが、**1** を加えて炒め、カレー粉を加えて炒め合わせる。水を加えて野菜が柔らかくなるまで加熱し、一度火を止めて、ブレンダーでなめらかになるまで混ぜる。Ⓐを加えて、さらに弱火で混ぜながら5〜6分煮る。

3 ごはん型を使ってごはんを型抜きで抜く。のりを切ってパーツを作り、薄焼き卵を布団に見立ててのせ、チーズやのりで装飾する。

ほんのり黄色のごはんでデコシチュー!

型抜きごはんのシチュー

シチューに合わせるごはんをターメリックライスに。色鮮やかになって、デコもしやすくなります。

材料(4人分)

- 米 ······················· 2合
- 水（炊飯用）············· 400㎖
- ターメリック ········· 小さじ2〜3
- じゃがいも ··············· 大2個
- にんじん ················· 1個
- 玉ねぎ ··················· 1個
- 鶏もも肉 ················· 1枚
- 塩、こしょう ············· 少々
- バター ··················· 50g
- 白ワイン ················· 大さじ2
- 薄力粉 ··················· 大さじ3

- 水 ······················· 500㎖
- 牛乳 ················· 700〜800㎖
- コンソメ（顆粒）··········· 大さじ2
- アスパラ ················· 4本

作り方

1 米はといで、炊飯器に水とターメリックを入れて炊飯する。

2 じゃがいも、にんじんは皮をむいて一口大に切る。玉ねぎを薄切りにする。鶏肉は一口大に切り、塩、こしょうする。中火に熱したフライパンにバターを溶かし鶏肉を炒める。色が変わってきたら、白ワインを加え、さらに中火で炒める。じゃがいも、にんじん、玉ねぎを加える。

3 全体にバターが回ったら薄力粉を加え、中火のまま軽く炒め、粉っぽさがなくなったら水、牛乳、コンソメを加えて弱火で15分ほど煮込む。じゃがいもとにんじんに火が通ったら、斜め切りにしたアスパラを入れる。とろみがついたら器に盛る。

4 **1**を型抜きで抜いて**3**の上に盛り付け、のりで装飾する。

たくさんトッピングを用意すると楽しい!

Camp OK! クレープパーティー

基本のクレープ生地を作れば、あとは好きなトッピングを用意するだけ。
いろいろな組み合わせにチャレンジしてみて。

材料（4人分）

- 薄力粉 ……………………… 100g
- バター（無塩） ………………… 30g
- 卵 …………………………… 1個
- 砂糖 ………………………… 10g
- 塩 …………………………… ひとつまみ
- 牛乳 ………………………… 250㎖
- サラダ油 …………………… 適量

オーロラソース
- マヨネーズ ………………… 大さじ2
- ケチャップ ………………… 大さじ2

ツナマヨネーズ
- ツナ缶 ……………………… 1缶
- マヨネーズ ………………… 大さじ1

- **ソース類** ［チョコ・いちごソース、アプリコットジャムなど］
- **お好みのフルーツ** ［いちご、ブルーベリー、ラズベリー、バナナ、オレンジなど（好みの大きさに切る）］
- **お好みの野菜** ［レタス（ちぎる）、パプリカ（赤・黄、細切り）、きゅうり（薄切り）、アボカド（薄切り）など］
- 生クリーム（7分立て） ……… お好み
- ゆで卵（輪切り） ……………… お好み
- シュレッドチーズ …………… お好み
- ハム（薄切り） ………………… お好み
- 粉糖、ココアパウダー ………… お好み

作り方

1 薄力粉はふるい、バターは溶かしておく。ボウルに卵を割りほぐし、砂糖、塩を少しずつ加えながら混ぜる。牛乳、薄力粉、バターをそれぞれ加えて混ぜ、1時間程度生地を休ませる。

2 フライパンにサラダ油をひき、ペーパータオルで余分な油を拭き取る。ぬれぶきんの上にフライパンをのせ粗熱を取り、おたま1杯弱（約60㎖）の生地を入れ手早く生地を丸くのばす。コンロにフライパンを戻し、弱めの中火で生地を焼く。生地のふちが浮き上がり薄く焼き色がついたら、裏返し10秒焼き取り出す。

3 オーロラソースと、ツナマヨネーズを作る。クレープ生地にお好みの具材をのせていただく。

ぐるぐる

グリーンとパープルの2色がきれい！

キウイとベリーのマーブルスムージー

キウイとブルーベリーで作る簡単スムージー。
マーブル状に盛り付ければ、おしゃれでおいしい！

材料（4人分）

- キウイ ・・・・・・・・・・・・・・・・ 4 個
- はちみつ ・・・・・・・・・・・・ 大さじ 4
- ヨーグルト ・・・・・・・・・・・ 400g
- 冷凍ミックスベリー ・・・・・・・・・・・
  ・・・・・・ 400g、お好み（トッピング用）

作り方

1 キウイは皮をむき、半量のはちみつ、半量の
ヨーグルトと共にミキサーにかける。

2 冷凍ミックスベリーと、残りのはちみつ、ヨー
グルトを別のミキサーにかける。

3 **1**、**2**を交互にグラスに入れて、スプーンな
どでひと混ぜしてマーブル状にする。冷凍ミッ
クスベリーをお好みでのせる。

Point

冷凍ベリーは常温に

冷凍ミックスベリーは常温に戻し
てからミキサーにかけると、混ざ
りやすくなります。

見た目もかわいい！ドリンクレシピいろいろ

見ているだけで楽しくなるドリンクのレシピを集めました。

ホットでもアイスでもOK！

レモネードシロップ&型抜きクッキー

材料（作りやすい量）

レモネード
- レモン ・・・・・・・・・・ 2個
- しょうが ・・・・・・・・・ 3かけ
- はちみつ ・・・・・・・・・ 30g
- 砂糖 ・・・・・・・・・・・ 200g
- 水 ・・・・・・・・・・・・ 50㎖
- シナモン ・・・・・・・・・ 1本

クッキー
- バター（無塩） ・・・・・ 80g
- グラニュー糖 ・・・・・・ 50g
- 卵黄 ・・・・・・・・・・ 1個分
- 薄力粉 ・・・・・・・・・ 150g
- ベーキングパウダー
　　　　　　　　・・・ 小さじ1/2

作り方

レモンはよく洗って薄く輪切りにする。しょうがは薄切りにする。

鍋に**1**、他の材料を全て入れて加熱し、沸騰したらアクを除き、砂糖が溶けたら火を止める。粗熱が取れたら、密閉できる清潔な容器に入れ冷蔵庫で保存する。このシロップを、お好みの量を炭酸水やお湯（分量外）で割っていただく。

型抜きクッキーを作る。バターを常温に戻し、泡立て器で柔らかくなるまで練り混ぜる。グラニュー糖を少しずつ加え練り混ぜ、卵黄を加え混ぜる。薄力粉とベーキングパウダーを合わせてふるいながら入れゴムベラ等で混ぜてまとめ、冷蔵庫で1時間ほど休ませる。

めん棒を使って5〜6㎜厚さにのばし、型抜きで抜き、180℃のオーブンで12〜13分焼き色がつくまで焼く。

いろんな色で作りたい！

3色クリームソーダ

材料（3人分）

- かき氷シロップ（メロン、いちご、ブルーハワイ）・・・・・・・・・・・・・・・・・・・適量
- 炭酸水・・・・・・・・・・・・・・・・・・・・・・・・適量
- バニラアイスクリーム・・・・・・・・・・・適量
- さくらんぼ・・・・・・・・・・・・・・・・・3個

作り方

1 グラスに氷を入れ、かき氷シロップをグラスの1/3量入れる。炭酸水を静かに注ぐ。

2 バニラアイス、さくらんぼをのせ、混ぜながらいただく。

甘いカカオの香り

マシュマロ入りココア

材料（2～3人分）

- ココアパウダー・・・・・・・・・・・・・大さじ2
- 水・・・・・・・・・・・・・・・・・・・・・・・・100㎖
- 砂糖・・・・・・・・・・・・・・・・・・・・・・大さじ4
- 牛乳・・・・・・・・・・・・・・・・・・・・・・500㎖
- マシュマロ・・・・・・・・・・・・・・・・4個

作り方

1 小鍋にココアパウダーと水を入れ混ぜる。弱火で混ぜながら加熱し、一度火からおろしココアが溶けたら砂糖を加え混ぜる。

2 泡立て器で混ぜながら少しずつ牛乳を加え、全て入れたらよく混ぜ弱火でさらに加熱し、全体が均一になるまで混ぜる。カップに入れマシュマロを浮かべる。お好みでココアパウダー（分量外）をふる。

ふっくら膨らむと感動!

ダッチベイビーパンケーキ

スキレットとオーブンを使って焼くパンケーキ。
熱いうちにアイスクリームを乗せて召し上がれ。

材料（直径16cmスキレット1つ分）

- 薄力粉・・・・・・・・・・・・・・・・・・・大さじ3
- 卵・・・・・・・・・・・・・・・・・・・・・・・2個
- 砂糖・・・・・・・・・・・・・・・・・・・・・大さじ2
- 牛乳・・・・・・・・・・・・・・・・・・・・・50㎖
- 塩・・・・・・・・・・・・・・・・・・・・・・・少々
- バター・・・・・・・・・・・・・・・・・・・・15g
- バニラアイスクリーム・・・・・・・・お好み
- はちみつ・・・・・・・・・・・・・・・・・お好み
- お好みのフルーツ（ブルーベリー、ラズベリーなど）・・・・・・・・・・・・・お好み

作り方

1 オーブンを220℃で温めておく。オーブンにスキレットを入れ温め、薄力粉はふるっておく。

2 ボウルに卵を入れて、泡立て器で泡立てる。砂糖を加えて、「の」の字が書けるまでさらに混ぜる。牛乳を静かに加えて混ぜ、塩、薄力粉を加えてさっくりと混ぜる。

3 スキレットにバターを入れて溶かし、*2*の生地を流し入れてすぐにオーブンに入れる。そのまま10～11分、膨らんで焼き色がつくまで焼く。お好みでバニラアイス、はちみつ、フルーツなどを添える。

スヌーピーたちは食べられない!?

チョコ&プレーンのさっくりドーナツ

ドーナツはスヌーピーも大好きなスイーツ。実は、ココナッツは
「ピーナッツ」の仲間たちの苦手な食べ物なんです。

材料（各6～7個分）

プレーン
- 薄力粉 ・・・・・・・・・・・・・・・・・・・ 150g
- ベーキングパウダー ・・・・・・・ 小さじ1
- バター ・・・・・・・・・・・・・・・・・・・ 30g
- きび砂糖 ・・・・・・・・・・・・・・・・・ 50g
- 塩 ・・・・・・・・・・・・・・・・・・ ひとつまみ
- 卵 ・・・・・・・・・・・・・・・・・・・・・・ 1個
- 牛乳 ・・・・・・・・・・・・・・・ 大さじ1～2

チョコ
- 薄力粉 ・・・・・・・・・・・・・・・・・・・ 120g
- ココア ・・・・・・・・・・・・・・・・・・・ 30g
- ベーキングパウダー ・・・・・・・ 小さじ1

- バター ・・・・・・・・・・・・・・・・・・・ 30g
- きび砂糖 ・・・・・・・・・・・・・・・・・ 50g
- 塩 ・・・・・・・・・・・・・・・・・・ ひとつまみ
- 卵 ・・・・・・・・・・・・・・・・・・・・・・ 1個
- 牛乳 ・・・・・・・・・・・・・・・ 大さじ1～2
- 揚げ油 ・・・・・・・・・・・・・・・・・・ 適量
- グラニュー糖 ・・・・・・・・・・・・・・ 適量
- Ⓐ ［ 粉砂糖 ・・・・・・・・・・・・・・・・ 60g
     水 ・・・・・・・・・・・・・・・ 大さじ2
- ココナッツフレーク ・・・・・・・・・ 適量

作り方

1 プレーン生地を作る。薄力粉、ベーキングパウダーは合わせふるっておく。バターは常温に戻しなめらかになるまで混ぜ、きび砂糖、塩を加えて混ぜる。割りほぐした卵を少しずつ加えて混ぜ、ふるった粉類（薄力粉、ベーキングパウダー）を加えさっくりと混ぜる。牛乳を加え固さを調整する。

2 チョコ生地を作る。薄力粉、ココアパウダー、ベーキングパウダーを合わせてふるっておく。*1*と同じ手順で生地を作る。

3 それぞれの生地をラップにくるみ、1時間程度休ませる。打ち粉をしてめん棒でのばし、ドーナツ型でくり抜いて180℃の油でそれぞれ揚げる。

4 油を切り、プレーンはグラニュー糖をまぶす。チョコは、Ⓐを合わせドーナツをくぐらせココナッツをまぶす。

2つの食感が楽しい
アップルクランブルケーキ

キャラメリゼしたりんご入りの生地と、サクッとしたクランブル生地、異なる2種の生地を使ったケーキです。

材料（直径15cmの型1台分）

- りんご ･･････････････････ 2個
- グラニュー糖 ･･････････････ 40g
- バター ･･････････････････ 15g
- シナモンパウダー ･･････････ 少々

クランブル生地
- バター ･･････････････････ 40g
- **Ⓐ** ┌ 薄力粉 ････････････････ 40g
  │ アーモンドプードル ･･････ 30g
  └ グラニュー糖 ････････････ 20g

ケーキ生地
- バター ･･････････････････ 60g
- グラニュー糖 ･･････････････ 50g
- 溶き卵 ･･････････････････ 1個分
- **Ⓑ** ┌ アーモンドプードル ･･････ 30g
  └ 薄力粉 ････････････････ 50g
- ミント ･･････････････････ お好み

作り方

1 りんごは8等分のくし形に切り芯を除き、3cm角に切る。鍋にりんごとグラニュー糖を入れ中火で加熱し、グラニュー糖が溶けてカラメル色になってきたら、一度火を止めバター、シナモンパウダーを加え、中火で水分がなくなるまで煮る。クッキングシートの上に取り出して冷ましておく。

2 クランブル生地を作る。バターは角切りにして冷やしておく。ボウルにⒶを入れて混ぜ、バターを入れ溶けないように手早く指ですりつぶしながらそぼろ状にし、冷蔵庫で冷やしておく。

3 ケーキ生地を作る。ボウルにバターを入れ泡立て器でクリーム状にし、グラニュー糖を加えて混ぜる。溶き卵を分離しないように少しずつ4～5回に分けて加え、都度クリーム状になるまで混ぜる。Ⓑを加えて切るように混ぜ、粉っぽさが少し残る段階で**1**を加え、なじむまで切り混ぜる。

4 **3**をクッキングシートを敷いた型に入れ、台の上で軽く2～3回落として、生地の空気を抜く。その上に**2**をのせ、180℃のオーブンで35～40分間焼く。お好みでミントを添える。

丸ごとのすいかが大迫力!

Camp OK! 丸ごとすいかポンチ

すいかを1個まるまる使ったフルーツポンチです。パーティーで出せば、
盛り上がること間違いなし!

材料（すいか1個）

A ┌ 砂糖 ················· 80g
  └ 水 ················· 80㎖
    すいか ··············· 1玉

・オレンジ ··············· 1個
・キウイ ··············· 1個
・パイナップル ··········· 1/4個分

しゃり
しゃり

作り方

1 Aを合わせて鍋に入れて加熱しながら混ぜる。砂糖が溶けたら弱火にして、沸騰した状態で混ぜながら、透明感が出るまで煮詰める。粗熱を取って冷蔵庫で冷やす。

2 すいかを安定させるため、底の皮を薄く切り取る。すいかの上部1/3あたりを切り、大きいほうをギザギザに一周飾り切りする。すいかの果肉にスプーンをグッと深く差し込み、回すようにして丸くくり抜く。ふたの部分も同様にくり抜く。すいかから出た果汁は残しておき**1**と1：1の割合で混ぜ合わせる。

3 すいか以外のフルーツは、それぞれ食べやすい大きさに切る。

4 **2**でできたすいかの器に、くり抜いたすいかの果肉とほかのフルーツを入れ、**2**のシロップを注ぐ。

Point
フルーツはいろいろ試して

すいかはくり抜かず、包丁で角切りにしても大丈夫。フルーツは缶詰を使ってもOK。ナタデココなども入れると、食感が楽しくなります。

ザ
ク
ザ
ク

スヌーピーがこよなく愛するクッキー

ザクザク！ チョコチップクッキー

チョコレートとクルミがごろごろ入った
満足感のあるチョコチップクッキーです。

材料（13〜15個分）

- バター ‥‥‥‥‥‥‥‥‥‥‥‥ 50g
- グラニュー糖 ‥‥‥‥‥‥‥‥‥ 50g
- きび砂糖 ‥‥‥‥‥‥‥‥‥‥‥ 30g
- 塩 ‥‥‥‥‥‥‥‥‥‥‥ ひとつまみ
- 卵黄 ‥‥‥‥‥‥‥‥‥‥‥ 1個分
- 牛乳 ‥‥‥‥‥‥‥‥‥‥‥ 大さじ1
- 薄力粉 ‥‥‥‥‥‥‥‥‥‥‥ 90g
- ベーキングパウダー ‥‥‥‥ 小さじ1/2
- 板チョコレート ‥‥‥‥‥‥‥‥ 80g
- クルミ ‥‥‥‥‥‥‥‥‥‥‥ 50g

CHOCOLATE CHIP COOKIES
FOLLOW ME WHEREVER
I GO...

8-28

SCHULZ

作り方

1 バターは常温に戻し、なめらかになるまで混ぜる。砂糖類、塩を加え混ぜる。卵黄、牛乳を入れさらに混ぜる。

2 ふるった薄力粉とベーキングパウダーを加えてゴムベラで切るように混ぜる。

3 9割ほど生地に粉がなじんだら、刻んだ板チョコレート、クルミを加え粉っぽさがなくなるまで切るように混ぜる。

4 **3**をスプーンですくってクッキングシートに落とし、形を整えて7mmほどの厚さにして170℃のオーブンで10〜15分焼く。

ぱく
ぱく

美しい層を作りたい！
アメリカンダイナー風パフェ

アメリカにあるリーズナブルな大衆食堂をイメージしたパフェです。
アイスクリームや生クリームを思う存分楽しんで。

材料（15cm高さのグラス1個）

- いちご・・・・・・・・・・・・・・・・・・・・・・3 粒
- ココアクッキー（クリームサンドタイプ）
  ・・・・・・・・・・・・・・・・・・・・・・・・・・・4 枚
- コーンフレーク・・・・・・・・・・・・適量
- 生クリーム（8 分立て）・・・・・・適量
- バニラアイスクリーム・・・・・・・・適量
- いちごソース・・・・・・・・・・・・・・・・適量

作り方

1 いちごは1粒は飾り用で残し小角に切る。ココアクッキーを手で4〜5かけに砕き、1枚はそのまま残す。

2 器に、コーンフレーク→生クリーム→ココアクッキー→いちご→生クリーム→アイスクリームの順にのせていく。

3 一番上のアイスクリームに、いちごとココアクッキーをのせ、いちごソースをかける。

Point

きれいな層を作るには？

層にして重ねていくので、生クリームをのせるときは空気が入らないように注意。横から層を確認しながらのせるときれいにできます。

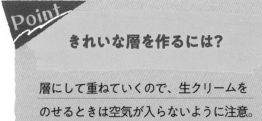

もしものときに役立つレシピ

いつ起こるか分からない災害のために、日ごろの備えは大切です。ここでは食料や物資が限られた中でも、作りやすい2品を紹介します。困難な状況の中でも、スヌーピーたちのように助け合っていきたいですね。

子供が大好きなコーンとツナ

豆乳ツナスパゲッティ

材料（4人分）

- スパゲッティ（1.6㎜）・・・・・・・ 200g
- 豆乳（常温保存可能なもの）・・・ 400㎖
- にんにく（チューブ入り）・・・・・・ 適量
- ツナ缶・・・・・・・・・・ 2缶（約140g）
- ホールコーン缶・・・・・ 1缶（約100g）
- コンソメ（顆粒）・・・・・・・ 大さじ2
- 塩、こしょう・・・・・・・・・・・・・ 少々
- 乾燥パセリ・・・・・・・・・・・・ お好み

作り方

1 スパゲッティは、密閉できる袋などに浸る程度の水を入れて4〜5時間つけ、水から出しておく。

2 フライパンまたは鍋に豆乳、**1**、にんにくを入れて加熱する。ツナ缶、コーン缶、コンソメを入れて混ぜ、塩、こしょうで味を調えお好みでパセリを散らす。

もしものときのための お役立ち情報　　**パスタはゆでずに水につけるだけ！**

たっぷりのお湯を使って、しばらくグラグラとゆでるパスタ。大量の湯や、そのためのガスの確保を考えると、災害時は敬遠してしまいそうですが、パスタは水でも調理可能です。時間はかかりますが、水につけておくだけである程度ゆでた状態に。カセットコンロなどを使ってソースのみ作ればOKです。ガス・電気・水の節約になります。さらに包丁不要のレシピなので水不足の際、洗い物の削減にも。

トマトとサバは相性抜群！

サバカレースープ

Camp OK!

材料（4人分）

- カレールウ（カレー粉） ‥‥‥‥ 2かけ
- さば水煮缶 ‥‥‥‥‥ 1缶（約190g）
- ホールトマト缶 ‥‥‥‥ 1缶（約400g）
- ミックスビーンズ缶 ‥‥ 1缶（約120g）
- コンソメ（顆粒） ‥‥‥‥‥‥‥ 小さじ1

作り方

1 カレールウは包丁で刻み溶けやすくしておく。

2 耐熱のポリ袋に1と、全ての材料を入れてよく混ぜ、こぼれないように縛る。

3 鍋などに湯を沸かし、2を入れて15〜20分ルウが溶けて温かくなるまで加熱する。

もしものときのための お役立ち情報 ## 飲料水の節約&調理法も工夫

水や食材、エネルギーも事欠く災害時。それらをどうやって確保するかに考えがいきがちですが、今ある食材をどう活かすかも、災害を乗り越えるポイントです。このレシピは、備蓄しやすい缶詰をメイン食材としたスープ。飲料水の節約のため、サバ缶の汁とトマト缶の水分を利用して煮込み、調味料も最低限です。水を使用しないことで、サバとトマトのうまみが濃厚になり、さらにカレーもきかせているため、味もしっかりおいしいスープになっています。また調理法もポリ袋を湯せんして煮込みました。そうすると、湯せんのお湯を繰り返し使ったり、洗い物用にも活用できます。

おわりに

ビーグル・スカウトの冒険は続く

毎日のごはんとはちょっと違う、非日常感のあるおうちでキャンプごはん。
本書に登場したメニューは、p.10 で紹介した
「ビーグル・スカウトが教えてくれる 6 つの大事なこと」に関連しています。
どれも大切にしたい普遍的な心がまえです。

01
EXPLORING NATURE　自然を見つめて、見つける
「自然ほど、うつくしいものはない。」
▶おうちでキャンプごはんに使う食材の生産地や生産者について調べて、
自然の恵みに感謝しよう。

02
TRYING NEW THINGS　新しいことにチャレンジする
「ないなら、つくってみよう。」
▶おうちでキャンプごはんの新しいメニューにチャレンジしてみよう。
苦手な野菜や食材にも、挑戦してみて。

03
SHARING　分けあい、分かちあう
「すてきな瞬間も、おいしいものも、仲間と共有しよう。」
▶おいしいキャンプごはんを、いっしょに食べてすてきな時間を共有しよう。

04
HELPING SOMEONE IN NEED　救いの手を差しのべる
「危険な道のりも、助けあって乗り越える。」
▶料理が苦手や初めての方も、みんなといっしょに料理をしてみよう。

05
FRIENDSHIP　友だちを何より大切に
「ちょっぴりさみしい夜も、友だちといっしょなら大丈夫。」
▶家族や友人などの大切な人との楽しい時間を大切に過ごそう。

06
WORKING TOGETHER　力をあわせて、乗り越える
「ちいさな力も、あわせればおおきなものになる。」
▶もしものときに備えた知識を身につけて、助け合おう。

Let's cook camping food!

グッズ&オンラインショップ

たくさんのスヌーピーのグッズの中からとっておきのアイテムを紹介します。オンラインショップから検索してゲットすることも可能♪　ぜひチェックしてみてくださいね。

※2024年2月時点の情報です。タイミングによって、販売が終了していたり、色やデザインが変更になったりしている場合がございます。

おかいもの SNOOPY

PEANUTS 公式のオンラインショップ。キッチン用品・ファッション雑貨、ぬいぐるみをはじめ、ここでしか手に入らない限定商品や、オリジナル商品がたくさん！　自分へのお買い物はもちろん、ギフト用のショッピングにも最適です♪

- 【おかいもの SNOOPY 限定】BRUNO コンパクトホットプレート (Welcome to Kitchen)
- 【おかいもの SNOOPY 限定】BRUNO マルチスティックブレンダー (Welcome to Kitchen)
- 【おかいもの SNOOPY 限定】バンダナハンカチ / ビーグル・スカウト
- 【おかいもの SNOOPY 限定】PATATTO 折りたたみイス（ビーグル・スカウト）
- 【おかいもの SNOOPY オリジナル】メモリーカードゲーム / クッキーデザイン
- 【おかいもの SNOOPY 限定】ホーローメジャーカップ / レトロタイル
- 【おかいもの SNOOPY 限定】ホーロープチミルクパン / レトロタイル
- 【おかいもの SNOOPY 限定】美濃焼ジャムカップセット
- 【おかいもの SNOOPY オリジナル】SNOOPY ミニポーズぬいぐるみ / Celebration
- 【おかいもの SNOOPY オリジナル】WOODSTOCK ポーズぬいぐるみ
- 【おかいもの SNOOPY オリジナル】SNOOPY ポーズぬいぐるみ

ホットプレートの色は、赤と白の2色展開。本書では p.22〜大活躍！　シュウマイやタコライスなどいろいろな料理が作れます♪

マルチスティックブレンダーには、コック帽姿のスヌーピープリントが♪ p.72のスムージーなども簡単に完成！

ポーズぬいぐるみがお部屋にあるだけで、毎日がハッピーに！　毎日いろいろなポージングを楽しんで♪

PEANUTS Cafe Online Shop

ピーナッツ カフェの食器やかわいいオリジナル商品がゲットできるショップ。お菓子・アパレルグッズなどにも注目！

- PEANUTS Cafe テーブルウェア　ツートーンシリーズ プレート S オレンジ
- PEANUTS Cafe テーブルウェア　クラシックシリーズ ラウンドプレート S
- PEANUTS Cafe テーブルウェア　クラシックシリーズ ラウンドプレート M
- PEANUTS Cafe テーブルウェア　クラシックシリーズ ラウンドプレート L
- PEANUTS Cafe テーブルウェア　クラシックシリーズ オーバルプレート
- PEANUTS Cafe カトラリーセット
- アウトドアセット

テーブルウェア クラシックシリーズ ラウンドプレートは、PEANUTS Cafe 店内でも使用しているオリジナルアイテム。岐阜県土岐市の窯元で職人が心を込めて作っている美濃焼。

- FOOD TEXTILE ランチョンマット ブルーベリー / エスプレッソ
- ALLDAY ボトル アイボリー
- ANYTIME BOTTLE ブラック
- ANYTIME BOTTLE グレー
- ドッグディッシュ スヌーピー ぬいぐるみ
- エプロン スヌーピー ぬいぐるみ
- エプロン ウッドストック ぬいぐるみ
- クッションブランケット DOG HOUSE
- ワックスペーパーセット
- PEANUTS Cafe OSAKA テーブルペーパー 20 枚入

ロゴスショップ公式オンライン店

アウトドアのさまざまな楽しみや、スタイルを提案する総合ブランドのオンラインショップ。スヌーピーのアイテムが充実！

スヌーピーとLOGOSのロゴ入りホットサンド。レシピはp.62へ！

- SNOOPY ホットサンドパン（ハーフ）
- SNOOPY（Beagle Scouts 50years）メスキット
- SNOOPY（Beagle Scouts 50years）グリルアタッシュ mini
- SNOOPY（Beagle Scouts 50years）ロール膳テーブル
- SNOOPY スタックカラーテーブル -BB
- SNOOPY あぐらチェア
- SNOOPY チェア for2
- SNOOPY（Beagle Scouts 50years）ホーローマグ
- SNOOPY 割れない・MY タンブラー (2pcs)
- SNOOPY（Beagle Scouts 50years）コットンラグ
- SNOOPY（Beagle Scouts 50years）パワーチャージ LED ランタン
- SNOOPY（Beagle Scouts 50years）キャンドルスタンド
- SNOOPY ソフトクーラー -BB
- SNOOPY 防水レジャーシート -BB
- SNOOPY（Beagle Scouts 50years）ホーロースモールプレート
- SNOOPY（Beagle Scouts 50years）ホーローサラダプレート
- SNOOPY（Beagle Scouts 50years）バンダナ（ベージュ／カーキ）

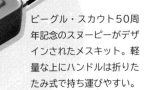

ホットサンドパンの使い方は1枚の食パンに具材をはさんで火にかけるだけ。コンロでもたき火でも使える上に、ハンドルは着脱可能♪

ビーグル・スカウト50周年記念のスヌーピーがデザインされたメスキット。軽量な上にハンドルは折りたたみ式で持ち運びやすい。

サンナップ公式 SUNNAP the STORE

紙コップや紙皿をはじめ、行楽用品が充実。キャンプに持っていきたいスヌーピーグッズがたくさん♪

- キノ 2WAY ペーパーボックス スヌーピー
- キノ デザインペーパー スヌーピー未晒し 20 枚入
- キノ ストロングプレート スヌーピー 8 枚入
- FMX ANDSCAPE ストロングカップ スヌーピー 250ml 8oz 15 個
- FMX ANDSCAPE ペーパープレート スヌーピー 八角形 3 枚

ストロングカップは、3つの柄が楽しめる。アウトドアシーンで大活躍！

キノ 2WAYペーパーボックスは、ボストン型とトート型の2通りの使い方が♪

- FMX ANDSCAPE ペーパーボウル スヌーピー 410ml 10 個
- コレッショ！ ペーパーバッグ スヌーピー
- スヌーピー ペーパーボウル 410ml 7 個（レトロパターン）
- スヌーピー ペーパーカップ 205ml 25 個（レトロパターン）
- スヌーピー 割りばし 10 膳（レトロパターン）

キノ ストロングプレートは、木目調のデザインが大人気。水分や油分にも強い加工なのでサラダの取り分けも安心♪

セキグチ公式オンラインショップ

ぬいぐるみの製造メーカー。お気に入りのスヌーピーやウッドストックのぬいぐるみに、きっと巡り合えるはず！

- レトロンズ スヌーピー ビーグルスカウト

大人気の「レトロンズ」シリーズ。リュックには、ビーグル・スカウトのアニバーサリーロゴ入り♪

ナカジママーケット

ぬいぐるみや生活雑貨などをはじめとした、かわいいキャラクターグッズを取り扱っているショップ♪

- スヌーピー ビーグル・スカウト M

キャンプに連れていきたいぬいぐるみ。帽子を入れた高さは約33cmあるので、存在感もたっぷり。

キャラクターランチグッズと日用品のお店「オーエスケー Style」

プラスチック製の便利なグッズが充実しているショップ。いつもの毎日がもっと楽しくなるスヌーピーグッズが充実！

- スヌーピー ごはん型（パーツの抜き型とごはん型付）LS-7
- スヌーピー クッキー型セット CA-2
- ピーナッツ（スヌーピー）ニコニコピック（9 本入り）PN-1
- ピーナッツ（スヌーピー）ピックス（8 本入り）PN-6
- スヌーピー ふりかけプレート 3 枚セット LS-3
- スヌーピー おにぎり押型 3 ヶセット LS-4

p.75のように、ピックをクリームソーダに飾るとワクワク感たっぷり！

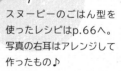

スヌーピーのごはん型を使ったレシピはp.66へ。写真の右耳はアレンジして作ったもの♪

小善本店オンラインショップ

海苔の専門ショップ。スヌーピーやウッドストックの形の海苔は見ているだけで気持ちが上がります！

- のりあーと ®SNOOPY

キャラクターを切り抜いた海苔があれば、楽しいパーティやお弁当をにぎやかに演出♪ お弁当のレシピはp.64をチェック！

SHOP&施設

スヌーピーの世界をたっぷり感じられる場所や、かわいいグッズが手に入るお店、キャンプ気分を気軽に味わえる施設など、すぐにでも訪れたくなる楽しい場所を紹介します。

※2024年2月時点の情報です。

PEANUTS Cafe

ピーナッツにゆかりのあるアメリカの西海岸をテーマにしたナチュラルで遊び心のあふれる大人のカフェ。キャラクターにちなんだフードやデザートはもちろん、バリエーション豊かなドリンクメニューも楽しめます。店内で使用の陶器やマグカップをはじめ、カフェオリジナル商品の販売も。東京では中目黒・南町田・原宿に、関西では名古屋・神戸・大阪などにあります。さらに、期間限定で博多（福岡）に出店中。

東京の中目黒にあるPEANUTS Cafeの外観。緑豊かで穏やかな空気が流れる目黒川沿いの一軒家で解放感たっぷり。

SNOOPY MUSEUM TOKYO

新しくなったスヌーピーミュージアムの外観。リニューアル後の最初の企画展は「旅するピーナッツ。」というテーマ。

アメリカ・カリフォルニア州のサンタローザにあるスヌーピーファンの聖地シュルツ美術館の世界初のサテライト（分館）として、東京・六本木に誕生。2年半の期間限定で、2016年4月〜2018年9月に130万人を超える来場者を集めました。2019年12月、東京の南町田グランベリーパーク内に場所を移して生まれ変わり、2024年2月にリニューアルオープンしました。

SNOOPY Village

2022年4月に湯布院（大分）、7月に軽井沢（長野）、2023年4月に小樽（北海道）、12月に伊勢（三重）にオープンした施設。おいしいひとときが楽しめる「SNOOPY 茶屋」と、京都発・こだわりチョコレートが並ぶ「SNOOPY Chocolat」、たくさんのウッドストックをテーマにした「WOODSTOCK NEST Sweets & Goodies」の3店舗が集まった、特別な場所です！

軽井沢のスヌーピーヴィレッジの外観の様子。

ロゴスショップ

毎年参加しているPEANUTS売場づくりコンテスト。2023年2月には「ららぽーと立川立飛店」が特別賞を受賞！

見て、触って、試せるLOGOSの直営店や、掘り出し物が見つかるかもしれないアウトレット、オリジナルコーヒー＆スイーツを楽しめるカフェ併設店、LOGOSの世界観を楽しめるコーナーなど、全国に100店舗を展開するロゴスショップ。スヌーピーデザインのグッズも豊富に揃っています。

※店舗により取扱いアイテムが異なります。詳しくは各店舗へお問い合わせください。

はらゆうこ

8年間の公務員生活を経て、赤堀料理学園に入学。6代目校長・赤堀博美氏に師事し、アシスタント経験を経て独立。2010年からフリーランスのフードコーディネーターとして各種大手流通のメーカーのメニュー開発、撮影をはじめ、食品メーカーのCM、PVの料理作成やコーディネート等を手掛ける。2014年、株式会社Vita設立。各局TVドラマや映画の劇中料理の監修、フードコーディネートなど、携わった作品の数は500本を超える。
一般社団法人日本伝統食協会代表理事。

企画・編集	小林秀美　鈴木佐和（SDP）
編集協力	永渕美加子　吉原朋江（株式会社スリーシーズン）
デザイン・DTP	髙島光子　伊藤沙弥　石坂光里（株式会社 ダイアートプランニング）
撮影	村尾香織
スタイリング	桑原りさ
撮影協力	UTUWA
営業	武知秀典　野辺澪香（SDP）
宣伝	荒木聡馬（SDP）

協力
株式会社ソニー・クリエイティブプロダクツ
株式会社テレビ東京コミュニケーションズ
株式会社ポトマック
株式会社ロゴスコーポレーション
サンナップ株式会社
株式会社セキグチ
株式会社ナカジマコーポレーション

スヌーピーの おいしい！ 楽しい！ おうちでキャンプごはん

発行	2024年3月31日　初版第1刷発行
著者	チャールズ・M・シュルツ
監修	チャールズ・M・シュルツ・クリエイティブアソシエイツ
料理監修	はらゆうこ
発行者	細野義朗
発行所	株式会社SDP 〒150-0022　東京都渋谷区恵比寿南1-9-6 TEL　03(5724)3975（第2編集） TEL　03(5724)3963（出版営業ユニット） ホームページ　http://www.stardustpictures.co.jp
印刷製本	TOPPAN株式会社

ISBN 978-4-910528-48-9
Peanuts and all related titles, logos and characters are trademarks of Peanuts Worldwide LLC © 2024
Peanuts Worldwide LLC.　Printed in Japan

本書の無断転載を禁じます。
落丁、乱丁本はお取り替えいたします。
定価はカバーに明記してあります。